세월(世月)을 읽다

김세을

CONTENTS

겨울

입동 · 10

종강 · 12

만남 · 14

십이월 · 16

명동, 겨울을 밝히다 · 18

겨울 바다 · 18

눈내리는 마음 · 22

세월(歲月)을 읽다

一
봄

입춘대길 · 26

춘래불사춘 · 28

신작로 · 30

봄비 · 32

봄길 · 34

제주 연가 · 36

신록 예찬 · 38

미운 사월 · 40

꽃들에게
물어보고 싶은 것이 많은 나이가 되었나 · 42

가파도 · 44

객토 · 46

산소 · 48

꽃양귀비 · 50

여름

유월에 쓰는 편지 · 54
빗속에서 · 56
다낭(Da Nang) · 58
이 또한 지나가리라 · 60

세월(歲月)을 읽다

가을

한가위 · 66

북촌 가는 길 · 68

가을 꿈 · 70

가을 소묘 · 72

시월의 사랑 · 74

소풍 · 76

은행잎 · 78

가을과 겨울사이 · 80

세월

세월(卋月)을 읽다 · 84
시집 · 86
나무아미타불 관세읗보살 · 88
골프는 미친 짓 · 90
휴가 · 92
라이더 · 94
코로나 19 · 96
제주살이 · 98
할아버지 · 100
치앙마이 · 102
인연 · 104

세월(卋月)을 읽다 · 108

세월(世月)을 읽다

Winter / 겨울

달그닥 달그닥
찾아온
고개숙인 겨울

생고생하면서 돌려막던
내 안의 가을은 가고
아직 절실한 지
늙은이는 바다로 간다

입동(立冬)

문을
조금만 열었다.

보는 것으로
추워서
저녁도 미루어놓고
힘없는 낙엽으로
어둠을 맞이했다.

내 안에
뛰어다니던 가을은 가고
도톰한 옷으로 푹 싸인
내일(來日)은
걷다보면
만나는 바람처럼
아무렇지도 않게 한가로웠다.

손도 주지 못했고
혼자서
생고생하면서 돌려막던
가을인데
겨울을 알리는 비가 온다.

두드리고
때리면서
빗물을 차고 지나가는 소리만
가득 고인다.

불러다 놓고
퉁기듯 추위가 적시면
고개숙인 겨울

가을이
품고 떠난 초대장
아직 절실한지
늙은이는
바다로 간다.

종강(終講)

뒹구는 낙엽
어디로 갈 지 몰라도
눈치빠른 학교는
겨울 채비를 한다.

나보다 먼저
끝낸
초빙교수에게서
문닫힌 카페의 아른함을 만나고
발걸음은
종강(終講)으로 가고 있다.

모과가 떨어지던 날
캠퍼스는
홀로
겨울을 준비했나보다

시험지 가득
한학기 강의를 담고
계단을 내려온다.

세월(世月)을 읽다

잠시
가슴시린 얼굴 뒤로
눈치빠른
학교는 겨울옷을 꺼내고
한 해가 간다.

만남

밤에 만나고
낮에는
혼자 있고 싶다.

동지섣달 꽃 본 듯이

달처럼
밤에만
만나고 싶다.

누가 뭐래도

십이월

올해는
망각(忘却)의 도움으로
반쪽짜리 추억을 가슴에 묻고
겨울을 맞이한다.

세상이 눈으로 화장을 한 뒤
명함처럼
차곡차곡 쌓여있는 차 안의 햇살을
정리하면서
겨울 속으로 깊게 들어 간
십이월,

떠나는 것이
어디
너 뿐이겠니….

양보할 수 밖에 없는
십이월에
우리는 자꾸 시간을 밟고,
준비하는 것이 너무 힘든
죽음조차
산타를 타고 인생(人生)은 간다.

삶이란
하나 받으면
하나 떠나는 것.

후회를 꺼내기 싫으면
아는 만큼
사람을 그리자.

명동, 겨울을 밝히다

행여 보탬이 될까
햇살도
가고 없는 명동에서
아버지를 찾는다.

길을 걷다

발목이
재개발에 걸려
골목은
깨진 판유리처럼 엉성하고
살아생전
아버지 모습이 떠올라
멈춘다.

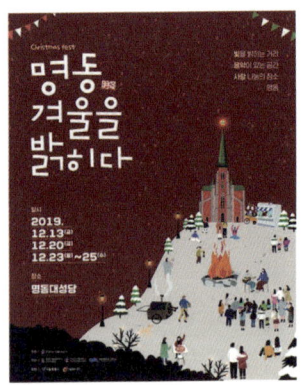

그 때는
중앙극장을 따라 성당까지 올라서면
명동이 시작되고
코스모스 백화점 옆
노점상 발 밑에
불타는 구공탄마냥 카바이드 불꽃에
겨울이 있었다.

걷다보면

만나는
바람에 펄럭이는
명동도
사랑할 수 밖에 없다.

겨울 바다

얼어서 말도 못하는
바닷가
모래사장 옆으로
파도가 서있고
바람이 분다.

언제나
기다리는 바다는
차갑지만
겨울이어서 행복하다.

나이를 먹어도

길은
해송(海松)의 얇은 조각 사이로
끝없이 이어지고,
바다는
그대 향한 설레이는 이야기를
살갑게 풀어낸다.

눈 내리는 마음

햇살이 없다

이 시간이면
왔는데 아들따라 나갔나

가슴도
가끔
눈이 오면
주위를 본다.

분명
내 앞에서
젖기도 전에 떠나버렸다.

바빠서
눈물처럼
맺었나

가슴에 내리는 눈이라면
끝자락에서
받지말고
두어 걸음 기다릴 걸

지우면
사라지는 너
그래서 만나지 말고
저장하고
또
비워두고

생각없이
흩날리는 마음을 본다.

세월(世月)을 읽다

Spring / 봄

어제는 입춘
오늘은 정월대보름
아이들 웃음소리에
문열어놓고
봄이 오길 기다리다

혼자
여전히 설레이는 너를 찾는다.

입춘대길(立春大吉)

어제는 입춘,
오늘은 정월 대보름,
아이들 웃음소리에 봄이 오길
문열어놓고
기다리다
뚝방길을 걸었다.

차가운 봄바람은
노을에 가려 끝이 없다.

장항천 아래
2급수보다 더 탁한 물이 흐르고
청둥오리와 함께
세월을 낚고자 하는 강태공을 보면서
봄이
걷기엔 참 곤혹스러워
창의력은
AI에게 주고
개짖는 소리와 함께
흐르고 싶다.

춘래불사춘(春來不似春)

만나고 싶을 때
한 발짝
뒤에서
기다리는 봄.

차가운 바람은
소리없이 새순을 뚫고
차곡차곡
너를 본다.

만나면
서두르지 않고
한웅큼 집어
겨울에는 떠나고
봄에는
혼자

만나고 싶을 때
한 발짝
앞에서
찾아오는 봄.

신작로(新作路)

봄은
새로 만든 길을 따라
아들이 제대한 군부대 옆으로
길게 들어섰다.

뚫고
쌓고
깔아뭉갠 뒤
뽀얗게 앉은 황토길은
봄으로
분칠하였다.

겨울이
봄을 이길 수 없어
떨어지는 꽃잎은
초속 5센티미터

봄바람은
시금치밭 옆 신작로를 따라
걷던
어릴 적 검정고무신마냥
즐겁고

봄은
봄인데,
사월의
신작로(新作路)는
어떤 봄인지 모르고 나와서
짧고

아들은 걷고 있다.

봄비

겨울을 담아
내리는 비

문 열어놓고
주위를 본다.

빗물처럼
모였다
차 한 잔 못하고
웅덩이 몇 개 남기고
가버린 봄비

바쁘단다

개나리 같은
웃음소리에
겨울이 녹아
내리는 비

비는
지칠새라
슬픈미소로 열어놓고
봄이 되면
기다린다.

봄길

봄은
하염없이 걷던
검정 고무신

내 씀씀이가 작아서
아픈 사월에
어깨 너머로 떨어지는 벚꽃을 걸치고
길을 묻는다.

팍팍한 먼지처럼
쌓여서
찾을 수 없고
민들레만
비닐하우스를
지키고 있는 봄길.

내 삶이 작아서
슬픈 사월

얼마나 걸어야 할까

세월(世月)을 읽다

제주 연가(濟州 戀歌)

바람을
끄집어내고 떠나갔다.

바다에
하늘이 누워서
바람 한 점 없는 제주(濟州)는
얼굴이 다르다.

다음(Next)이면
동백 꽃잎에 새겨진
긴 겨울과 헤어질 수 있을까

내 맘 던져놓고
멀어지는
오늘,
바다는
거친 모래톱 위에서
바람을 맞는다.

사월 끝자락에
숲으로
줄을 긋고
유채꽃 오름을 걸으면
제주(濟州)는
말이 없다.

신록 예찬

꽃이
떠난 뒤
잎으로 남아
홀로
채우기 바쁜
신록(新綠)도
꽃이라 부르고 싶다.

거리에
길을 만들고
종종걸음 걷다가
봄처럼
외로움을 못 이겨 꼭꼭 눌러쓰는 오후가
오늘따라
더 많아진다.

비가 그치면
남은 꽃으로
떠나간 사람의 이름을 지우고
남은 잎으로
새로운 사람의 이름을 쓴다.

꽃에서 잎까지
나이를 먹어도
눈치가 없다.

잊힐만하면
생각나는
청춘을
입기엔 몸이 헐거워
신록(新綠)을
꽃이라 부르고 싶다.

미운 사월

봄이 왔는데
깨우지도 않는다.

섬에서
삭힌 시간을 풀어놓고
달려왔는데
혼자 떠나다니
사월은
참 밉다.

비록 꿈결이지만
그렇게 엮은 정(情)마저
동백꽃처럼 뚝뚝 떨어져
이어질 수 없다면
미련 없이 백 년 동안 자고 싶다.

봄이
왔는데
어쩜 깨우지도 않고

미워도
너를 쫓아 살아보겠다고 건넜는데
얼마나 더
기다려야 하는지

고개가 절로 숙어지는 봄
육지(陸地)는
사월도 잊은 채
통통배 타고 노란 부표 사이로
떠났다.

꽃들에게
물어보고 싶은 것이
많은 나이가 되었나

정년을 맞이한 교수들이
떠난다.

몽골의 초원을 따라
털봄맞이꽃에게 자식의 진로를 물어보고,
말똥같은 별똥별을 헤아리던
게르(Ger)가
아직도 가슴에 있는데.....

벌거벗은 나에게
격려하던 교수들도
꽃들에게 물어보고 싶은 나이가 되었나 보다

허덕이던 세월(歲月)

이름모를 들꽃에게
어떻게 살아야 할 지
불안한 하루는
자꾸 재촉한다.

숨쉬기 어려울만큼
빠른 시간을
비우면서도
혼자는
인연(因緣)을 꾹꾹 담아
꽃들에게로 가고 싶다.

가파도

들어오고
나가는 것
파도만 아니다.

내 맘 던져놓고
멀어지는,
섬에서 섬을 잇는
바다는
바람을 맞는다.

하늘이 낮은
남쪽으로
가슴 시린
섬이 있기에
파도가 가면 오듯이
청보리를 찾는다.

들어오고
나가는 것
사람에도 있다.

세월(世月)을 읽다

객토(客土)

꾸부정한 논두렁을 따라
사월이 지나면
논은
더 이상 논이 아니다.

전에는
논이었고
지금은
객토(客土)에 취해
아파트 주변으로
흐느적 걷고 있다.

콩을 심던 밭두렁에
흙이 차면
밭은
더 이상 밭이 아니다.

SNS에 실어 보낸
절대농지(絶對農地)는
사람이 지나칠 때만 똥개처럼 짖어대고,
오후 2시
종점행 마을버스에 실려
수입산 민들레 향기 곁으로
분양 광고만 남기고
지긋이
떠난다.

산소

사월이면 찾았는데
이번엔
늦었다.

양평군 서종면 문호리

잡초를 뽑으면서
찾던
이 길은
30년 동안
점점 변해가고 있었다.

나는
강가의 700평 땅을 보면서
빅데이터 AI 연수원을,
양원장은
제주처럼 양평에도 미디어아트를
꿈꾸기에

물으면

산속에
인공지능 대학원대학교 설립까지
백 년 동안
살아야 할 이유를

묻게 된다

내년부터
오월이 더 좋을 듯싶어
칠순(七旬)까지만
엄마를 보러 와야 겠다.

꽃양귀비

반팔이 어울리는
오월
개양귀비들이 웃으면

바람따라
흐르는 빨간 물감 어디에도
양귀비(楊貴妃)가
없어
덧없는 사랑은
서쪽 하늘 구름이 되고

고개를 숙이다
꽃이 되는 모습은
다른 이의
해어화(解語花)가 아닌
내 말을 이해하는 서른 여섯의 꽃인데
천변(川邊)으로
토닥토닥 꽃망울 터뜨리면

그 곳으로
다시 갈 수 있을까

세월(世月)을 읽다

세월(世月)을 읽다

Summer / 여름

너만 가니
나도 간다.

떠나고 싶은 너를 두고
어쩌다 가는 곳

여름과 함께
좀 더 자고
퇴근하겠습니다.

유월에 쓰는 편지

혼자
도로를
지키고 있는 풀 한포기
본받아
달나라 맵(map)에다
타일(tiles)을 깔고
날마다
짖고 싶다.

어릴 적
허리띠를 질끈 동여맨
철거민을 따라
새끼줄로
땅따먹던 성남(城南)처럼
뛰어놀다 지치면
아바타(Avatar)에게
선물하는
꿈마저
돈이 되는 달덩어리

명동에서 주식을 보고
말죽거리에서
부동산을 찾던,
후손들은
지붕없는 달에서
쌀을 심고
보리를 뿌리며
웹툰(webtoon)으로
희망을 쏘아올린다.

쓰고 지우며 보낼 수 있는
유월과 함께….

빗속에서

비가 오면
눈가에
속삭이는 그리움
거리에 떨어지면 아프게 살아나
먹먹하게 너를 그린다.

보고싶은 얼굴을
카페에 두고
아프게 돌아서면

비는 내리고

바람따라
부족한 기억을 풀어내리면
빗속에서
하염없이
걸어가는 나를 그린다.

비가 오면
눈가에
속삭이는 그리움
거리에 떨어지면 아프게 살아나
먹먹하게 너를 그린다.

보고싶은 얼굴을
카페에 두고
아프게 돌아서면

비는 내리고

바람따라
부족한 기억을 풀어내리면
빗속에서
하염없이
걸어가는 나를 그린다.

다낭(Da Nang)

둥둥 떠다니는 섬 사이로
자꾸 떠오르지만
혼자라서 그런가 모두가 그립습니다.

너만 가니
가고 싶어하는 너를 두고
어쩌다 가는 곳

한여름 소금꽃 털고
막걸리 한 잔 하면
너에게 돌아와 이야기를 풀고
또 떠날지 몰라
너의 목소리에 기대면
다낭(Da Nang)입니다.

코로나 등쌀에
해변을 따라 소소한 바램도 잠들고
인기척이 없으면 먼저 가세요
더위와 함께 좀 더 자고
열대 과일로 정오(正午)를 먹은 뒤
그늘도 없는 황량한 링크스 코스에서
기다리겠습니다.

그랩(Grap)도 모르면서
논문 발표에 늦으면 헛걸음칠까 싶어
내년(來年)을 위해
핑크성당에서 퇴근하겠습니다.

이 또한 지나가리라

8월,
나무관세을보살씨는
100리터 짜리 쓰레기 봉투 버리고
16층 계단을 오르면서
정오의 햇살을 바라본다.

아프다는 것,
실감나지 않네요

3월부터 여름을 준비한다고
달력에
표시한 동그라미가
내 배를 바라보고 있지만
당뇨로 인해
하루에 먹는 약이 13개.

그 숫자만큼만
나를 돌아보면 될 것을
밤마다
허기에 시달려
이것저것
물까지 13번 먹고 잠이 든다.

석회화 건염에서
척추협착증까지
병명(病名)은 줄 서있는 데
어금니에 힘이 없어
일주일에 한두 번 인사돌을 먹는다.

하루에
피어대는 담배값이
한 달에 27만원을 넘어서고
조만간
국립암센터에서
영장이 발부될 것 같다.

발기부전이라고
압수수색 당하면 안되는데...

원인 불명의 시력 저하에
시신경 부종이라는 소견서를 받아들고
늙어간다는 것

참 서럽다.

이삿짐싸면서
많이도 버렸는데
건강까지 재활용 봉투에 넣다니....

밤마다
걸으면서
갑자기 앞이 안보이게 될 지도 모른다는 생각에
나도
구름이 되어 간다.

세월(世月)을 읽다

Autumn / 가을

전하고 싶은 마음에
택배는 달리고
가을은
하늘을 닮아 키가 크다.

꿈을 꾼다는 것은
희망을 품고
원하는 것을 낳기에

가슴에 돌을 안고 사는 이에게
달빛 미소를
걸어둔다.

한가위

전하고 싶은 마음에
택배는 달리고
태풍은
창문을 두드린다.

덜익은 감처럼
빠른 추석은,
아무렇지 않은 듯
구름없는 청명한 가을 하늘 아래로
저마다 바램을 싣고
바삐 움직인다.

기도하는 마음은
달빛을 타고
지구를 바라보는데
여전히 팍팍한 추석 물가로
한가위는 무겁다.

태풍이 할퀴고 간 상처로
마음 아픈 이에게,
겨울같은 코인과
떨어지는 주식으로
가슴에 돌을 안고 사는 이에게
달빛 미소를
걸어둔다.

한가위

전하고 싶은 마음에
택배는 달리고
태풍은
창문을 두드린다.

덜익은 감처럼
빠른 추석은,
아무렇지 않은 듯
구름없는 청명한 가을 하늘 아래로
저마다 바램을 싣고
바삐 움직인다.

기도하는 마음은
달빛을 타고
지구를 바라보는데
여전히 팍팍한 추석 물가로
한가위는 무겁다.

태풍이 할퀴고 간 상처로
마음 아픈 이에게,
겨울같은 코인과
떨어지는 주식으로
가슴에 돌을 안고 사는 이에게
달빛 미소를
걸어둔다.

북촌(北村) 가는 길

북촌(北村) 가는 길은
여유로웠다.

약속이지만 준비할 것이 없고,
만남이지만 부담없기에
나그네처럼
슬그머니 들어 온 삼청동

흘러내리는 나이를
감추다보면
한가한 골목길을 따라
가파른 언덕에는
늦여름이 길게 널려 있고

잠시
쉴 수 있도록 마련해 놓은 케렌시아(Querencia)
널찍한 베란다에는
천년의 기운을 간직한 인왕산의 눈매가
경복궁 너머 서촌마을까지
바라보고 있다.

세월(歲月)을 읽다

사람들은
함께하는 공간에 머물다
창업을 하고,
이순(耳順)이 넘어도
저마다 꿈을 끌고
백세 인생이 뭐라고
텃밭을 가꾼다.

가을 꿈

하늘이 가을을 닮아
키가 크다.

덩달아
내 눈도 높아져
구름이 되고
바다 건너 저 먼 곳으로
햇살이 떠난다.

꿈을 꾼다는 것은
희망을 품고
원하는 것을 낳기에

가을은
하늘을 닮아
꿈도 높다.

세월(世月)을 읽다

가을 소묘(素描)

바람이
시월에 놀다가
내려왔다.

문득
뒤돌아볼 때
사는 게 달달하면
가을은
출근길 모퉁이를 돌아서
친구처럼
감미롭고 고마운지
담벼락에 동그라미 그렸는데….

자꾸
아래로 처진다
구월에서 시월까지
십보(十步)도 안 걸리는 데
가을은,
가슴을 건너서 차분하게
안으로 흐른다.

살면서
친하고 다정한 것 몇 안되지만
정오(正午)에
가을 햇살,
집나간 남자(男子)를 찾는다.

몸이 시리도록
지난 시간(時間)이 아쉬워
서툰 낙엽을 따라 걷다보면
가을은
구구절절 손님이었다.

씨없는 낙엽에
머물다
퇴근길 하늘에도
떨어지는 가을은
시월(詩月)에 걸려있다.

시월(十月)의 사랑

시월은
누군가 붙잡아도
자꾸만 간다.

찬바람이 좋다가
일찍 찾은 가을
잎새에 물감이 내리면
새겨진 사랑은 다 어디로 가는 지

이별도 따라가는 것을
시월에는 몰랐다.

뭐가 그리 바쁜지
여전히
노을과 함께
남자는 가을을 타고
사랑은
누군가 불러도
낙엽으로 잠들다.

세월(世月)을 읽다

시월은
누군가 붙잡아도
자꾸만 간다.

찬바람이 졸다가
일찍 찾은 가을
잎새에 물감이 내리면
새겨진 사랑은 다 어디로 가는 지

이별도 따라가는 것을
시월에는 몰랐다.

뭐가 그리 바쁜지
여전히
노을과 함께
남자는 가을을 타고
사랑은
누군가 불러도
낙엽으로 잠들다.

소풍

터널 위에는
살아온 햇수가
쌓여서
후드득 떨어지고 있다.

생각처럼 쉽게
마음먹고 떠날 수 있는
가을은
시간이 없기에

문득
양수리에서
두 물을 바라보고

터널을
지날 때마다
가을 대신
비상등을 켠다.

통근버스 옆으로
추월해야
만나는 가을

올렸다
내렸다
마주하면서
서종(西宗)을 지나친다.

은행잎

도끼빗에 어울리는
염천교
구두가게도
빗자루에 쓸려 수명을 다하고
난간에
걸터앉아 있다.

초입에서
노래하는 은행잎
어디에도
노인을 위한
만리동 고개는 없다.

B.B 운동화 구겨신고
걸었던
남산길에도
비처럼
은행잎은
날리고 있다.

젊기에
행복했던 길가엔
가슴졸린 노란 은행잎 사이로
걷고 있는 어머니

가을과 겨울 사이

자전거 앞바퀴는
밟아도
소리가 나지 않는 가을을 지난다.

아프다고 한들
남을까

낙엽은
출구를 지키고
나에게 없는 추억속으로
떠나려 한다.

순서대로
아픔을 낳고
열 달이 흐르면

가을에 묻고
겨울에서 찾다
바람 따라
멀어져 가는 너

자동차 어깨에 매달려
밟아도
소리가 나지 않는 가을을 지난다.

세월(世月)을 읽다

Next / 세월(世月)

세월(世月)은
인연(因緣)으로 이어진 다음(Next) 세상

시간의 흐름과 함께 변화하는
굴곡진 삶을 돌아보는 것으로
세월(歲月)을 이야기할 수 없기에...

세월(世月)을 읽다

머리 속에서 떠나지 않을 때
달은 여렸다.

꼭 그래야 했나

살며시 뿌려놓고 간
눈 아래
무말랭이처럼 귀기울이다 떠난
세월(世月)을 보고
갈 곳 없어
문을 열면
달그닥 달그닥 찾아온 겨울.

동지(冬至)에 배고픈
젊은 달,
아궁이따라 눈물을 훔치며
자꾸 창문을 열어본다.

세월(歲月)을
버스로 지하철로 실어나르다
눈을 뜨니 중천(中天)이었고,
눈을 감으니
달은
세상(世上)을 쓴다.

세월(世月)을 읽다

지루한
욕정(慾情)에도 그릇은 넘치고
사랑에 빠진 시간은 짧기에
반달은
나가는 가을을 바라본다.

꼭 떠나야 했나

사는데
감사한 적 없기에
달의 숨을 들으며
예순짜리 지갑에
겨울을 넣고
세월(世月)을 읽다.

시집(詩集)

교보문고로
이어지는
횡단보도는 햇살이 없다.

사람에 부대껴서
6시까정
시(詩)를 만났다.

시집(詩集)은
시(詩)를 가두는 댐

겨울, 봄, 여름, 가을 그리고 세월(世月)
딱 5편으로
시집(詩集)이 되고 싶은데
어떻게 가슴에 붙이라고
그 많은 시(詩)를 담을까

묶어서 팔기엔
부족해
너의 시집(詩集)을 뒤적였다.

땀이 차면
흙에 도장을 찍어
걸었던
검정 고무신처럼
가슴을 적셔 줄
나의 시집(詩集)은 없었다.

청계천으로 이어지는
횡단보도 앞에서
봄을 끌어안고
약속 장소로 간다.

나무아미타불 관세음보살

내 그릇이 작아서
이렇게
아프다.

봄비처럼 오월이 다 가도
가슴엔
퍽퍽한 먼지로 가득하고,
작든 크든
숙명처럼 맺은 인연
붙잡고
기도하지만

어디에도 없고
어느 곳에 있을까

그저
바람 귀퉁이를 잡다
하루를 까먹고,
밤이면 뒤적이다
한움큼 물어버린 새벽에게 묻는다.

나무아미타불 관세을보살

내 그릇이 작아서
너를
담지 못하고
또 하루를 시작한다.

골프는 미친 짓

기다리는 동반자의
가늘고 긴 눈꼬리를 떠올리며
구간단속을 피해
갓길로
졸음을 깨웠는데....

비오는 골프장에
배회하는 눈망울이 많다.

챙길 것이 많아져
슬픈 나이에
비까정 내리면
파우치대신 쇼핑백으로
부족한 기억과 손을 빌리고
티샷(tee shot)을 한다.

동반자와
마을버스 한 정거장만큼
짧아도
쓰리 온(on)에 원 펏(putt)을 위해
비도
바람도 무시하고
골프 일지(日誌)를 쓴다.

여덟 개의 눈동자는
페어웨이(Fairway)에서
환호와 탄식으로
우리들의 블루스(Blues)를 펼치고,
캐디는
버디(birdie)를 기다리며 그린으로 간다.

108미리 홀컵을 향하면서
18홀 내내
108가지의 핑계를 준비했는데
햇살 가득한
골프장은
스코어만 남기고 퇴근을 한다.

휴가(休暇)

들어가기 싫어하는
아들을 넣고
나도
싫어서
철조망 너머를 한참 바라본다.

저녁 노을 따라
새들도 가는데....

수없이 많은
하루를
깔고 앉은
정류장 의자,
석양이 버스를 기다리고
나대신
떠날 채비를 한다.

귀대하는
아들의 시간을
잠시
비틀면
철조망 넘어 계단으로
볼 수 있으려나

라이더(Rider)

양평가는 길에
떠다니는 라이더
반짝이는
강가에
아늘하게 맺힌다.

바람과 햇살로 만든 이정표 따라
누워있는 갤러리에서
잠들면
할리(Harley)보다 더 할리같은
선망의 배기음

골프백을 매달고
개군정미소를 지나
잠시
자랑하고 싶은데
그늘이 없다.

내 키만큼 자란
여름 옥수수 사이로
천서리 막국수 이차선 도로의
젊은 라이더는
나에겐 그림이다.

세월(世月)을 읽다

코로나 19

비는
억수같이 내리는 데
일행들과 떨어져
혼자
빗물섞인 와인 한 잔에
세상을 잠시 내려 놓았다.

담배 연기 벗삼아
별을 세다 꽃이 된,
경계를
무너뜨린 아름다움을 떠올리며

세월(世月)을 읽다

제주살이

육지에서
바다 건너
제주로 간다.

지친 현실을
메타버스(Metaverse)에 태우고
누울 곳을 찾아서

한 달이든 일 년이든
제주가 보고파
육지에서
바다 건너
간다.

제주,
너만 가니?

나도 간다.

세월(歲月)을 읽다

할아버지

국민학교 때
할아버지는 진짜 할아버지였다.

하얀 수염에
가려진
할아버지의 시간(時間)을
가랑이 사이로 넣고
바라보면
내 나이가 되었다.

환갑(還甲)을 풀어
사진에 옮겨도 젊은 얼굴인데
할아버지는 몇 층 사세요 라고 묻는
예닐곱 소녀에게
들켰다.

아버지는
논두렁 가득 찬 모래를 걷어차고
아버지의 아버지를 설득해
상경(上京)했고,
서울로 이사(移徙)가는 아들에게
나는
빨간 돼지 저금통을 줬다.

자꾸만
봄이 와서
하얗게 떡진 머리를 숙이니
거울엔
젊은 할아버지가 서 있다.

국민학교 때
들었던
아버지의 아버지 이야기는
엘리베이터 안에서
결국
꼬리가 밟혔다.

치앙마이

내 몸을 둘러싸고 있던
알록달록한 옷을 떼어내고
치앙마이에서는
볼 수 없기에
차가운 아파트 거리의 감잎 하나 집어
떠난다고 속삭인다.

삐질삐질
땀을 흘리며
겨울에
여름을 덤으로 사다보니
기억이 숨쉴 수 있는 시간이
부족하다.

내 몸에
옷을 한 겹 두 겹 붙이고
미운 겨울에게
말을 건다.

치앙마이

김 세을

내 몸을 둘러싸고 있던
알록달록한 옷을 떼어내고
치앙마이에서는
볼 수 없기에
차가운 아파트 거리의 갈잎
하나 집어
떠난다고 속삭인다

삐질삐질
땀을 흘리며
겨울에
여름을 덤으로 사다보니
기억이 숨쉴 수 있는 시간이
부족하다

내 몸에
옷을 한 겹 두 겹 붙이고
미운 겨울에게
말을 건다

2022. 11. 07.

인연(因緣)

단풍이 곱다.
당신곁에 있어서
그런가
참
설레인다.

떠나는 가을,
돌려주고 싶은데……

인연(因緣)은
나뭇가지에 걸려서
갈수없는 길을 걷고
추억은 흘러
고개를 숙인다.

가을과 헤어질 시간,
당신의 마음을
헤아리지 못해서
단풍이 참 곱다.

인연(因緣)

단풍이 곱다.

당신 곁에 있어서 그런가
설레인다.

떠나는 가을,
돌려주고 싶은데….

인연(因緣)은
나뭇가지에 걸려서
갈 수 없는 길을 걷고
추억은
홀로
고개를 숙인다.

가을과 헤어질 시간,
당신의 마음을 헤아리지 못해서
단풍이 참 곱다.

세월(世月)을 읽다

챗GPT에게 물어보았다.

1월에서 12월이 지나면 그 다음(Next)에는 무엇이 올 것인지?
삶의 지루한 변명의 연속인지? 아니면 달콤한 장미빛 꿈의 연장인지?

상투적인 답이 돌아왔다.

작년 12월1일, 오픈 API가 공개한 챗GPT(ChatGPT)가 출시하자마자 입소문을 타고 많은 관심을 끌고 있다. 이용자의 요구에 따라 서로 다른 결과물을 생산하는 생성형 인공지능(Generative AI)은 텍스트, 오디어, 이미지 등 콘텐츠를 활용해서 유사하지만 독창적인 내용물을 만들 수 있다는 점에서 주목받게 되었다. 특히 누구나 갖게 되는 인공지능(AI)에 대한 호기심을 챗팅으로 풀어주고 이것을 소셜미디어에 공유할 수 있게 함으로써 출시 50여 일 만에 사용자 수가 천만 명을 돌파하였다.

데이터와 검색 정보를 최적화해서 오류가 없는 문장을 만들은 뒤 단 하나의 결과만 보여주기에 "구글링"을 대체할 것이라는 기대감에 그리고 자연스럽게 인간과 대화하고, 상황과 분위기만으로 소설, 시, 평론도 몇 초 만에 완성할 수 있다길래 나도 시도해 봤지만 자의식이 없어서인지 원하는 고민을 해결할 수가 없었다.

음력 섣달그믐, 일찍 잠이 들면 눈썹이 하얗게 변할까, 핑계삼아 거리로 나갔다.

1월에서 12월을 지나 다시 1월이 오기 전에 아쉬움 가득 묻어 돌아보면, 기다려지는 시간이 있다. 올 것 같은 데 손에 쥘 수 없는 세월(歲月)을 19년 만에 7번 온다는 윤월(閏月)로 위안을 삼았지만 허전한 공백을 무엇으로 메꿀지 수시로 묻게 된다.

시간의 흐름과 함께 변화하는, 굴곡진 삶을 돌아보는 것으로 세월(歲月)을 이야기할 수 없기에 항상 다음(Next)을 기다려진다.

겨울, 봄, 여름, 가을
다음(Next)은 무엇이 올까?

달은 초승달, 상현달을 거쳐 가득 차면 보름달이 되고, 다시 줄어들면서 하현달, 그믐달이 되는 데 섣달그믐에 뚝방길을 걸으면서 선배들은 왜, 달을 보고 살았을까?

> **살며시 뿌려놓고 간**
> **눈 아래**
> **무말랭이처럼 귀기울이다 떠난**
> **세월(世月)을 보고 하루를**
> **갈 곳 없어**
> **문을 열면**
> **달그닥 달그닥 찾아온 겨울**
>
> 『세월(世月)을 읽다』

그리움에 가려서 현실이 잠시 도망갔다가 갈등이 생기면 찾아오기에 또 다른 수단을 갈구하게 된다. 헛것을 뒤집어쓰고 살았다는 현실의 죄책감을 잊고자 겨울이 익을 만큼 익을 때 또 다른 계절이 있다고 믿고 찾아 떠나게 된다.

『난장이가 쏘아올린 작은 공』을 통해 "사람답게 사는 희망"을 마음 속 깊게 간직하지만 시간에 반비례해서 더 커진 비즈니스의 속성은 가진 자와 못가진 자 사이의 대립적 세계관이 아니라 디지털을 무기로 서정적 자아(自我)는 디지털 네이티브(Digital Native)로 변하고, 가상 세계에서 자아를 대변해 줄 수 있는 아바타와 캐릭터를 만들어 특정한 세계관을 설정하고 있다. 생활과 소비의 틀을 바꿀, 블록체인 기반의 웹 3.0

시대에 크리슈머(Cresumer)는 소비자이면서 생산자로 생태계에 참여함으로써 자아와 세계의 일치를 찾고자 노력하는 진정한 서정적 자아(抒情的 自我)의 연장선에 놓여있다.

> 달나라 맵(map)에다
> 타일(tiles)을 깔고
>
> (중략)
>
> 어릴 적
> 허리띠를 질끈 동여맨
> 철거민을 따라
> 새끼줄로
> 땅따먹던 성남(城南)처럼
>
> (중략)
>
> 꿈마저
> 돈이 되는 달덩어리
>
> (중략)
>
> 후손들은
> 지붕없는 달에서
> 쌀을 심고
> 보리를 뿌리며
> 웹툰(webtoon)으로
> 희망을 쏘아올린다.
>
> 『유월에 쓰는 편지』

세상의 달(月)은, 바라보면서 현실을 잠시 잊게 되지만 결코 사라지는 것은 아니다. '달 앞에 서서 뒤돌아보니 그 또한 달 앞이라' (月前顧後每是前) 라고 했듯이 자아(自我)가 세상의 달(月)을 찾아 살아가는 세월(世月)의 또 다른 모습일 뿐이다.

살다보면 막막할 때 맺었던 연(緣)을 떠올리게 된다. 부모와 자식, 부부, 남과 여, 동업(同業) 사이에 어려울 때면 스물스물 피어나는 안쓰러움의 산물(産物). 후회하면서 정작 실천하지 못하는 인연(因緣)을 끊지 못해서 눈을 감게 된다. 한 때는 탐스러워 설레였고, 기대감에 자랑도 했지만 높디 높은 가지에 걸려 닿으려고 애쓰면 애쓸수록 모든 것이 부질없어 지난 시간에 고개를 숙인다.

> 인연(因緣)은
> 나뭇가지에 걸려서
> 갈 수 없는 길을 걷고
> 추억은 홀로
> 고개를 숙인다.
>
> 가을과 헤어질 시간,
> 당신의 마음을 헤아리지 못해서
> 단풍이 참 곱다

『인연(因緣)』

인연(因緣)과 헤어질 시간이 왔을 때 제일 먼저 가슴에 자리잡는 것은 부부 사이의 연민(憐憫)과 자식과의 천륜(天倫)이다. 시간이 흐르면 잊혀지는 동업(同業)과는 다르게 연민(憐憫)과 천륜(天倫)은 헤아릴 수 없는 아픔을 바탕에 깔고 끝없는 고통으로 죽음 같은 깊은 잠이 될 것이다.

겨울, 봄, 여름, 가을 다음(Next)에 누구도 찾을 수 없는 세월(世月)은, 찾다가 평생을 살아왔음에도 부족한 시간(時間)을 쉬게 만들어 주는 자아의 공간(空間)이기도 하다.

그 곳은 이솝우화에 나오는 『개미와 베짱이』가 고정된 역할에서 벗어나 언제든지 변화할 수 있는 가능성을 제공해주고 있다. 웹툰(webtoon)이 원천 콘텐츠로 주목받게 되면서 스토리텔러(Storyteller)가 언제까지 노래만 하지 않아도 먹고 살 수 있는 세상이 왔기에 자아와 세계가 대립하지 않고 일치하는 시대로 나아가는 첫걸음이라고 할 수 있겠다.

인공지능(AI)이 상황과 분위기만 조성해주면 시(詩) 한 편 뚝딱 만들어내는 세상이 왔다. 그렇다면 현실의 시(詩)는 어떤 모습을 지녀야 할까? 시대나 상황에 따라 시적 내용이 다양해질 수는 있지만 자아와 세계를 인식하는 데서 출발한다는 점에서 볼 때 시(詩)는 주관적인 상상에 의한 세계관를 표현하는 것이라 할 수 있다.

시인이 인간 내면의 섬세한 정서를 살뜰하게 포착함으로써 읽는 이로 하여금 감동을 줄 수 있다면 그 역할을 다하는 것이다. 시인에게 현실은 삶의 원천이며 창의적 상상력을 제공하는 공간이다. 자연을 노래하든 비즈니스의 가치를 평가하든 그 속에서 우리가 잃어버리기 쉬운 삶의 지향점을 찾아주면 미련없이 떠날 수 있을 것이다.

> **살면서
> 친하고 다정한 것 몇 안되지만
> 정오(正午)에
> 가을 햇살
> 집나간 남자(男子)를 찾는다**
>
> 『 가을소묘(素描) 』

등 떠밀려 살아온 많은 시간(時間)들을 시(詩)에 맞추려 하지 말고 다음(Next, 未來)으로 넘어가는 과정으로 인식하고 현실을 노래하면 겨울, 봄, 여름, 가을, 다음에 세월(世月)이 존재하지 않을까? 가을은 중천에 뜬 둥근 보름달 같기에 나에게 시(詩)로서 존재하고, 세월(世月)을 위한 마지막 감정(感情)의 노래가 되기 때문에.....

세월(世月)을 읽다

펴낸날	초판 1쇄 2023년 3월 1일
지은이	김세을
펴낸곳	사)콘텐츠경영학회
편집	손은미
디자인	출판사 한아름
커뮤니케이션	조수현, 원선아, 김무늬, 정윤지예
이미지제공	화가 ㅣ 송미영
	시인, 사진작가 ㅣ 메타빌드 조풍연대표
	사진작가 ㅣ 황인선
	서예가 ㅣ 채철훈
	아트컴미술연구소 ㅣ 이중구 소장
	제주미래가치포럼 ㅣ 오경수 의장
	KT넥스알 ㅣ 이호재 대표
	보고정보시스템 ㅣ 송상선 대표
	농협정보시스템 ㅣ 권석환 (전)대표
주소	(06604) 서울시 서초구 서초대로 53길 25 TU빌딩 5층
전화	02-2000-5710
팩스	02-2265-0260
저자블로그	https://contentsplatform.tistory.com
등록	251002018000214
ISBN	979-11-967624-3-8
가격	12,000원

Published by Contents Management Society
Copyright

■ 본 시집은 저작권법에 따라 보호되는 저작물이기에 무단전재와 무단복제를 금합니다
■ 잘못된 시집은 교환해드립니다.